Espacios colindantes

José Luis Heras Sánchez

Primera edición: 2025

Editorial Sinándice
C/ Caballerías 4
26001 Logroño (La Rioja). España

www.sinindice.es
info@sinindice.es

ISBN: 978-84-19221-59-9
Depósito legal: LR-514-2025

Impreso en España

Índice

Prólogo

El devenir de la vida cotidiana nos brinda episodios de todo tipo que a la mayoría de las personas les pasan desapercibidos y que, con frecuencia, solo nos generan recuerdos que, de vez en cuando, evocamos para medir el paso del tiempo.

Para el autor de este poemario que tienes entre tus manos, no es así.

A menudo, él los eleva a momentos de intensa emoción que dan sentido a la vida y que transcienden las barreras de lo cotidiano.

Este ramillete de poemas no son fruto de una inspiración pasajera. Son instantes de exaltación que el devenir cotidiano le brinda al poeta y que, continuados en el tiempo desde muchos años atrás, el autor ha ido plasmando, día a día, en la urgente inmediatez de un mensaje de WhatsApp de un grupo de amigos o escrito con trazos imprecisos en un papel arrugado hallado en el bolsillo de la prenda de vestir de turno, bajo la marquesina de una parada de autobús.

Solo a veces, muy pocas, son producto de una pausada reflexión, cuando las palabras se retuercen en la garganta. Entonces el elixir de la emoción va impregnando, gota a gota, la hoja de papel en blanco que espera impaciente su semilla.

Le estructura de sus poemas se nos presenta fresca, ausente de los afeites del retruécano o el hipérbaton y libre de la servidumbre de la rima o el adjetivo atornillado al sustantivo.

Os animo a compartir con el autor la sencillez de las cosas, la llegada de una nueva vida, el aroma de una flor, una mirada, un adiós, un amanecer en calma, las rosas en un jarrón, la marcha de un ser querido, la lluvia, la luz y el sol. Estos destellos de la vida cotidiana le conmueven y, transcendiendo más allá de los sentidos, solo él es capaz de percibir y trasmitirnos.

Adolfo Heras Sánchez

Espacios colindantes

Tu silencio

No supe romper con mi voz tu silencio.
La sonrisa volvió solamente un momento.
Te fuiste alejando. Más y más distante
y el brillo en tus ojos se apagó al mirarte.
El amor maltrecho a merced del tiempo,
que ayer mismo desnudo se abrazaba,
vive en la rutina que marcan los días
y se va marchando como viento suave.
Amores vestidos con ropas de sueños.
Silenciosos, lejanos, casi ausentes,
se miran en ojos diferentes
navegando en el mar de la desgana.
Es obscura la sombra del silencio
oculta en la débil esperanza,
vendiendo el veneno de la muerte
al acecho permanece disfrazada.
Pero quizás el viento
susurre otra vez en tu ventana
y en reflejo del cristal descubras
los versos escritos una tarde.
Hoy ha muerto el amor entre sollozos.
En huida del lecho se complace
y vaga mendigando por las calles.
No encuentra corazón para entregarse.

Colores

Echo la vista atrás y veo el sol
hablando con las sombras en el suelo.

En campos de rastrojos y arbolados
también pierden las hojas los viñedos
y va muriendo el color de tallos vivos
heridos por noviembre traicionero.

La vida, como el tronco de las cepas
se retuerce extenuada en su lamento
y el muérdago parásito oportuno
se extiende entre las ramas sin remedio.

El verde da paso al ocre, al amarillo.
La lluvia a las nieves en enero,
se alargan las tardes lentamente
y marzo se despide del invierno
pintando de colores las laderas
con flores de cerezos y de almendros.

Noticias falsas

Como la hiedra en la pared colgada
se extiende la mentira disfrazada.
Se ampara en la inocencia de su causa
y al rango de verdad queda elevada.

Sembrada en el terreno de la duda
se expande como espuma perfumada.
Cómplice de modos y apariencias,
conspira en su intento de batalla.

Se mueve por la red con desparpajo.
Se funde en el icono reenviada.
Vino a hurtarle el rigor a la noticia
y frágil la verdad queda dañada.

Inconscientes súbditos se esfuerzan
en transmitir mentiras programadas
y en la extraña maraña de la red
renuevan cada día su proclama.

Es amplio y extenso su dominio
y anulan la verdad en su desgana.
Escriben con torpeza y exageran.
"Pásalo", total no cuesta nada.

Ayer, hoy, mañana

El murmullo lejano con que el tiempo
se sumerge en los recuerdos que persisten,
va surgiendo en mi cabeza y se repite
en el placer de un momento irrepetible.
Cada sombra es un murmullo,
un cuento, una leyenda.
Donde la imagen
sólo permanece en la memoria
y se refleja como dócil copia ante el espejo.
No es el tiempo el que pasa,
es la vida la que corre repentina.
Permanece la huella de los días
que, en inquieto desorden, se resisten a morir.
El milagroso encanto del silencio
se extiende entre el ayer y el hoy,
entre el pasado y el presente.
Despertar, despertar
y establecer combate con la vida.
Nos dejamos llevar por los detalles,
pero intentamos destronar la muerte
recordando las cosas ya vividas.

Nuestras vidas

Somos agua viajando en la corriente
crecida por las nieves del invierno.

No sabe a dónde va, más ella sigue
buscando el remanso en la pendiente
y se pierde así misma en la llanura
girando sobre el eje de la fuente.

Piensa seguir, pero no hay prisa.
En meandros de calma se divierte,
discurre hacia el mar en larga espera
y el agua en el cauce permanece.

En sigilosa lentitud el agua
privada de su reino se desliza
y remansa en deltas y ensenadas
esperando el mar que la reciba.

Al mar le pregunta ya vencida.
¿Qué ofreces a cambio de mi vida?

Nada puedo ofrecer, sólo las olas.

Al final el mar le dice: “Ven”.

Pero el río se resiste todavía.

A contraluz

Si miras a contraluz,
sólo ves sombras diversas.
El sol te ciega,
y no ves lo que la luz te proyecta.
Claro oscuro a contraluz
un universo nos muestra,
porque las sombras ocultan
lo que hay detrás de la puerta.
Son sueños a contraluz,
devaneos entre siestas,
fantasías e ilusiones
que viven en mi cabeza.
Ya sabes que, mientras duermo,
dejo las puertas abiertas.
Porque al fondo del pasillo,
donde las sombras son negras,
quiero que llegue la luz,
y alumbre entre las tinieblas.

Rosas

Todo queda en la rosa.
En su perfume
mezclado con aromas de lavanda.

Manantial de aromas que me inunda
se extiende en silencio por la estancia.

Tu flor, tan firme en tallo fuerte
se resiste a vivir siendo ignorada.

Como rosa del rosal se muestra altiva
mientras en soledad se desvanece
y muere en su belleza derrotada.

En sus pétalos rojos, orgullo,
las espinas de su tallo le reclaman
y arrogante desprende los olores
que impregnan el jardín en su abundancia.

Empapada por las gotas de rocío
se muestra en el jardín esta mañana.

En el Cementerio de la Barranca

14 de abril, día de la República

Sólo el sol.
Frente a la muerte, sólo el sol.

Sobre la muerte, sólo tierra.

Esta tierra que guarda vuestros cuerpos
está marchita, desangrada, yerma.

Y quisieron borrar los nombres de los hombres y mujeres
pisando las palabras, callando la memoria.

¿Por qué olvidar los nombres?
¿Quién es el vencedor?
¿El que ordenó mi muerte?
¡Si sólo me quitó la vida!

Allí, contra los muros,
retumba mi voz en el silencio.

No pueden con su fuego los demonios
impedir que mi cuerpo se redima.
La boca sellada por mi herida
en trincheras de hierba y luna llena,
no tiene que seguir en la condena
encerrada en la celda del olvido.

¡Dejad que mi bandera siga erguida!

Quizás no son sueños

He dejado que el agua me lleve
al lugar donde viven los sueños.
Si los sueños se duermen,
no viven y si viven
¡quizás no son sueños!
Son impulsos,
destellos de un momento,
estrellas fugaces en el cielo,
hojas que marchan con el viento
y caen vencidas en el suelo.
Son los sueños
jardín de ilusiones y promesas,
euforia de palabras distraídas,
fantasías en tardes perezosas
y esbozos del deseo algunos días.
Vencidos por verdades silenciosas
se entregan al olvido
y en cada amanecer
intentamos en vano recordar
el sueño que gobierna la esperanza.

Tu cuerpo

Yo sólo quiero mirarte,
atarte con la mirada,
tocarte, sentir tu piel,
dormir pegada a tu espalda,
acariciarte en la noche
y que la noche sea larga
y ver tu cuerpo desnudo
tan blanco como la sábana,
y luego, cuando amanece,
bajo la luz tenue y pálida,
abrazo tu cuerpo tibio
abandonado en la cama,
como el que coge una flor
después de tanto mirarla
y la pone en un jarrón
para poder conservarla.
Más tarde, cuando te vistes,
porque las horas te llaman,
me siento desamparada
y sola cuando te marchas.
Vuelvo a mi vida fingida
de noches frías y largas.

Suspiros

Con un suspiro te rindes.
Es un signo de derrota.

Un suspiro es viento suave
que de tu pecho se ausenta.

Es dejadez, es renuncia,
es conformismo y pereza;
es un quejido, un lamento,
una actitud manifiesta.

Pero es tristeza y nostalgia
porque suspiras la ausencia.

El cuerpo al fin se abandona,
admite la complacencia.
Pintan cansancio los ojos,
es silencio por protesta;
es consuelo una mirada,
un abrazo en la derrota,
el suspiro es viento triste
que se escapó de tu boca.

En otra primavera

En el rosal sólo quedan espinas
después del otoño ya vencido.

Otras rosas, en otra primavera,
brotarán de los tallos renovados
mostrando la belleza natural
del rojo de sus pétalos tupidos.

Apretadas las hojas por el cáliz
se abren reventando los capullos
y ofrecen el aroma al viento fresco
que mece los rosales florecidos.

Las gotas del rocío de la aurora
brillan en las hojas desvestidas
y esperan el sol de la mañana
y la sombra de tardes aburridas.

Altiva la rosa se marchita,
ya no es rojo el color de su vestido
y se rinde a la muerte de su flor
agotando el olor de los pistilos.

Las hojas se secaron ya vencidas
y los pétalos rojos desprendidos
mueren en el suelo del jardín
pisados por pasos distraídos.

Cada día

Es una lata el trabajar.
Todos los días me tengo que levantar.

Ya la luz enciende los tejados.
Sol y sombra en fachadas contrapuestas.
Nubes grises transitan en el cielo.
Se iluminan ventanas indiscretas.

Cuerpos vagos que el reloj despierta
dispuestos a otro día de tareas
maquillan su dejadez ante el espejo
y cubren con pintura las ojeras.

Vidas alienadas en ciclos rutinarios.
Seres neutros pueblan las aceras.
Convertido el trabajo en objetivo
se castigan y sancionan las perezas.

Dirigidas por normas del contrato,
vidas presas de cláusulas impuestas.
Alienados los hombres y mujeres
dispuestos a obediencia sin protestas.

Tertulianos

Los analistas de turno,
los que crean opinión,
retuercen la información
y divulgan las noticias.

Expertos en informar
se jactan de comentar
las bondades de su amo
que los usa de reclamo
en tertulias y entrevistas.

Unos describen desastres,
otros son siempre optimistas
y cuando no hay argumentos
se interrumpe al que diserta,
se le asigna afiliación,
popular, podemita o socialista.

Fachas con estilo zafio,
izquierdistas de levita,
nacionalistas de puño
designan en los despachos
a quién ponen y a quién quitan,
de quién se ensalzan virtudes,
de quién publican mentiras.

No es libertad de expresión.
Es ignorar la razón.
Vender otra realidad
a ciudadanos de a pie
que siempre son pesimistas.

Figuras opuestas

Así se marcha la noche,
despacio pero dispuesta,
vencida por la luz que arrastra el día.
También se marcha tu cuerpo
dejando la cama muerta.

¡Pasa todo tan deprisa!
Que te vas cuando otro llega
y en una silla vacía
otro que llega se sienta.

Los campos de girasoles
miran al sol en protesta.
Nubes negras en el cielo
amenazan con tormenta
y en las paredes las sombras
forman figuras opuestas.

Son sombras que van cambiando
si otro objeto las proyecta,
y cuando la tarde vence
el sol se oculta y se acuesta,
vuelve la noche a pintar
la sombra sobre la puerta
y en la habitación del fondo
la cama sigue desierta.

Dejándote llevar

A una chica con adicciones

Esa senda sinuosa
por la que transitas.
Dejándote llevar.
Te vencieron.
Te ofrecieron la libertad robada.
Vivir tampoco puede ser tan necesario.
Te fuiste perdiendo día a día.
Para sentir dolor.
¡Sólo dolor!
¡Y tus manos!
Mostrándose a tus dedos
disfrazan torpemente
un temblor persistente
que ocultas con pudor.
Es la mirada ausente
de un cuerpo abandonado
que arrastra la corriente
a un mundo indiferente.
Te olvidas del pasado
y "vives" el presente,
y el futuro no importa
porque está disfrazado.

Tarot

Esperando saber lo que el futuro alberga,
como guardianes de vidas y deseos,
echadores de cartas y conjuros
en milagrosa burla construida
conocen y predicen tus secretos.

En la vana arquitectura de sus cartas
buscamos engañados las respuestas.
Y en el único recurso de la suerte
presagian y descubren lo que quieras
mercaderes vendiendo la esperanza.

Seguimos buscando entre las sombras
y levantando castillos en la arena.
Si ya está en orden mi vida placentera…

¿Qué pasará mañana?
¿Quién asalta mi castillo en esta guerra?

No se rinde el deseo a los caprichos.
Nunca fueron las dudas consejeras,
porque el miedo nos impulsa como siempre
a seguir buscando en ciega espera
el destino del amor y de la muerte.

Poseer tu cuerpo

He cedido al impulso del deseo
y tu perfume a gritos me convoca.
Quiero llegar, poseer tu cuerpo
y besarte hasta secar tu boca.

Será tu corazón gemelo al mío
un deseo para mis labios llecos,
luz del sol en un día de invierno,
agua de abril en campos secos.

Descanso en la siesta del verano,
calor en el nevado mes de enero
y tus ojos esmeraldas que yo quiero.

Te veo caminar y te persigo
como sombra que yace sobre el suelo,
como río desbordado en el deshielo.

Hacerte feliz

Puedo hacerte feliz y que sonrías.
Que los días no sean de tristeza.
No te rindas y deja la pereza
que puedes ser feliz todos los días.

Cuando vuelvan otra vez las alegrías
y te atrape de nuevo la belleza,
tendrás el privilegio en la torpeza
de vivir en realidad tus fantasías.

¿Dónde estás? Te busco esta mañana
entre la gente que inunda la avenida
sin darme cuenta que ya te has ido.

No es tiempo de vivir en la desgana,
ni pasar de puntillas por la vida
para ser tan feliz como yo he sido.

El guardián

Perro fiel atado a la cancela
exige a visitantes su confianza.
Jadea inquieto y ladra venganza
y de sombra en el suelo se recela.

Es el dueño y guardián de su parcela.
Si le llamas acude sin tardanza
y obedece a su dueño en la esperanza
de caricia que su cabeza anhela.

Impaciente en el paseo vespertino
olisquea los objetos persuasivos
en la pausa de un ladrido repentino.

A su nombre responde decisivo.
Pasea de mi mano en su destino
sujeto en su correa cual cautivo.

Al nogal de la carretera

No pudo ser.
Su cuerpo se desangra herido.

Plantado a la orilla del camino
se muestra ante la muerte
abrazado a la hiedra y los espinos.

La piel rugosa. Su tronco está vacío.
Apenas unas ramas se resisten
negándose al destino.

Vencedores en escuadrón los elementos,
quebró la nieve sus ramas extendidas
desgarrando sus últimos latidos.

Aunque la primavera insista en renovar
las yemas de las hojas en sus ramas
la enfermedad natural de la vejez
se muestra vencedora con sus armas.

Extraños

¡Si supieras lo lejos que te encuentras
a pesar de que caminas a mi lado!
Estás ausente.
Intentamos en vano conversar,
pero no me escuchas cuando hablo.
Hace tiempo que buscamos soledad
y meses que apenas nos tocamos.
¿Qué queda?
Nada.
Una mirada,
una palabra,
un gesto.
¡Ya nos da igual!
Porque estamos los dos desengañados.
Al principio solo era un desencuentro.
Después aprendimos a ignorarnos.
Más tarde llegó la indiferencia,
que se fue alimentando con los años.
Ahora, somos dos extraños.

Silencio

El viento lleva lejos los suspiros,
arrastra las voces y deseos
al misterioso mundo del silencio.

Sólo un soplo,
un poco de viento nos roba la voz
y lleva las palabras al olvido.

Ahora el silencio, voz de nadie,
entrega a la noche su sonido,
somos vasallos de su reino,
encerrados en la celda de castigo.

Ahora voces, y nada más,
me despiertan al alba.

Una noche

Un sabor seco llena mi boca.
Resaca del vino compartido.

Pero no nos engañemos,
no nos conocemos,
tan sólo hemos dormido.

Nuestros cuerpos desnudos
han jugado al juego del amor
de miradas y besos atrevidos.

No se quieren, no se aman,
sólo ha sido una noche
de sexo entretenido.

No existimos el uno para el otro.
No se cruzarán nuestros destinos,
solamente somos dos amantes
en noches de copas y de vinos.

A su cintura

¿Qué me olvide de ti, de tu hermosura
apartando angustiado la mirada
y vencido me rinda ante tu espada
renunciando a tu cuerpo y tu cintura?

No quiero renunciar a tu figura,
yo he venido con alma enamorada
y te traigo la flor de la enramada
arrancada por mí de la espesura.

Sentiré el redondo de tus senos,
cuando mi sangre recorra tus venas
después de una noche consentida

volverán a encontrarse nuestras manos,
cuando yo haya roto las cadenas
tú me entregarás días de vida.

El silencio de los campos

Hoy quisiera dormir
tendido sobre la hierba.
Fijar la mirada en las estrellas
y sentir el frío en mi cuerpo
desnudo a la mañana
y cuando brille el sol
calentaré mi cuerpo
en medio de este campo
que envuelve a los cerezos florecidos.

Mirándose a sí mismos
se inicia la bella ceremonia
de los campos en flor,
en primaveras nuevas
donde empieza la vida.

En los campos silencio;
que llega abril con sus bravuconadas.
Las flores del joven cerezo
se van desprendiendo
y cubren el suelo como manto de armiño.

En los campos, silencio
que ya las amapolas invaden las fincas.

En los campos, silencio.

Corazón atrapado

Me dices que todo ha terminado.
Que no quieres vivir en la rutina.
Otras manos acarician ya tu cuerpo
y es otro amor quien retira la espina.

Si todo acabó, ¿por qué me llamas?
No apagaste la hoguera en tu partida.
Es hora ya de abandonar el duelo
y dibujar los trazos de otra vida.

No se curan las llagas en mi cuerpo.
Tú no dejas de hurgar en mis heridas
y quieres encender el fuego del pasado.

Me hundió bien el puñal cuando se fue.
Sigo atrapado en su red y me debato,
mi corazón es débil y quedó cautivo.

Amor confuso

Caí en la trampa de un amor confuso
y en brazos lujuriosos me debato.
Si olvidar el amor y me desato
o seguir en la celda de recluso.

¡Maldito amor! Que su mentira excuso.
Atrapado en amor sucio y barato,
que obliga a quererte por contrato
firmado ante el altar, costumbre al uso.

No puedo refugiarme en el pasado.
Ni vivir constantemente en la tristeza
y fingir que el amor ha terminado.

Soy vasallo inclinando la cabeza
sin defenderme de su amor malvado
y ahora pago con creces mi torpeza.

Es por tristeza

Voy a grabar tu nombre
en un árbol del valle,
donde el agua brota bajo la peña.
No es por amor,
es por tristeza.

Porque dijiste adiós
y allí quedaron las palabras,
esperando al fin este silencio
que dentro de mí se extiende
como la mala hierba.

Pero ya nada es lo que era.
Ahora ya estoy solo.
En este día de abril en el que vivo
en el tronco del árbol grabo tu nombre.

Pero no es por amor.
Es por tristeza.

La dicha plena

¡Cuándo tendré otra vez la dicha plena
de sentir en mi cuerpo tu llamada,
volver a sentirme enamorada
sin tener que cumplir esta condena!

No sé por qué razón vive en la pena.
Hay tanta dulzura en su mirada
sonriente, inquieta, alborotada,
tiende su cuerpo al sol sobre la arena.

Entre amores dudosos se entretiene.
Amar entre mujeres: sobre el resto,
se coge lo que llega cuando viene.

Ella tiene el ánimo dispuesto.
El tiempo en el amor no se detiene
y el amor no distingue manifiesto.

Otoño en primavera

Porque nunca más diré: lo siento.
No pediré disculpas por tu ruina,
si otro amor acaba y se termina;
no soy culpable yo de tu lamento.

Es hora hoy de un nuevo intento.
Ya sacaste del corazón la espina.
Siéntate junto al tronco de la encina
y deja que el amor lo traiga el viento.

Cuando el árbol por fin pierda las hojas
y las arrastre el viento en revolera
no pintes el jardín de flores rojas

que otoño no será la primavera.
Abandona el rincón donde te alojas
porque inútil será la larga espera.

Cuándo

¡Cuándo estará mi cuerpo satisfecho
varado entre arbustos y maleza!
Seguro que no olvida en la tristeza
que tú y yo compartimos este lecho.

¡Cuánta rabia mostrada por despecho,
por los celos que provoca tu belleza!
Caí en tus brazos un día de pereza
y hoy muero aquí junto a tu pecho.

Quién pudiera volver sin ser juzgado,
oculto en el rincón de tu cintura
que un día me ofreciste, ya olvidado.

Condenado a vagar por la llanura
del calor de tu cuerpo desahuciado.
Soy hombre sin caballo, ni armadura.

Dile a mi amor

Dile a mi amor que no me olvide,
que volveré al llegar la primavera,
pero el amor en la sufrida espera
no es fiel al amor que se despide.

Quiere tener la libertad que pide.
Ella sólo será fiel a quien le quiera
y comparta el amor a su manera
sin firmar un papel que lo valide.

Sólo quiero aquello que persigo:
libertad para amar sin ser un preso
que le abren la celda de castigo.

Amar o ser amado, sólo es eso.
Celoso en la amistad que da un amigo
me juzgas solamente por un beso.

Déjame

Déjame, por favor, estoy cansado
de seguir persiguiendo tu figura,
no puedo, me puede esta tortura
y en la orilla del camino estoy sentado.

Llevo mucho tiempo preocupado
y a veces me debato ante la duda:
si seguirte en tu inútil aventura,
sólo porque estoy enamorado.

El orgullo me pide un nuevo intento.
Me levanto atrapado en la pereza y
deambulo por la casa soñoliento.

Derrotado inclino la cabeza,
no puedo gobernar el pensamiento
y me rindo en el mar de la tristeza.

Sobre mi espalda

Son las cosas que he vivido
lo que transporto en mi espalda.

Mañas de sol de radiante
y tardes de viento en calma.

Deambulo por los pasillos
buscando la luz del alba.

¡Y tarda tanto en llegar!

¿Por qué la noche es tan larga?

Y el silencio de la noche
descansa en la misma cama,
también duerme con nosotros
la rutina y la desgana.

Indiferencia

Sentí la indiferencia
de ese amor de desgana,
que te ofrece su cuerpo
exento de pasión,
en rutina insolente
de días en silencio
y de noches calladas,
de miradas ausentes,
de risas olvidadas.
Cuerpos abandonados
en estancias cerradas.

Millán

De pronto llegó la luz
y se iluminó tu estrella,
ha comenzado a brillar
y anuncia una vida nueva.

Al posar en tu cuerpo la mirada.
¡Qué alegría!
Ver tu pecho, jadeante y fuerte.
La vida, se abre paso lentamente,
como el río que nace de una fuente
y corre hacia el mar por la ladera,
y tú eres agua brotando de la tierra
que riega mi jardín y lo atempera.

Tu cuerpo es rumor de suaves lloros
que provoca y desata la ternura.
Sólo espero el momento de cogerte.
En mis brazos dormirte y protegerte
y después de vencer la larga espera,
en septiembre llegó la primavera.

La siesta

Es una tarde bochornosa y seca
de este agosto estéril y aburrido.
La luz que atraviesa los visillos
transita en el suelo lentamente
en busca del rincón donde dormimos.

Las horas de la tarde corren lento
y el ritmo del reloj es mi testigo.
Atrapado en absurdos pensamientos
mi cuerpo al sueño se resiste
en esta soledad en la que vivo.

Derrumbado mi cuerpo sobre el lecho,
permanece inerte, adormecido,
mientras el sol se refugia entre las nubes,
mi mente se entretiene en el futuro
en un sueño que todos perseguimos.

Se desliza el tiempo entre las horas
como el viento entre las ramas del olivo.
Un cielo azul y limpio al horizonte
y en esta habitación en la penumbra
mi cuerpo a la pereza se ha rendido.

Otro día más que se repite
girando sobre el eje del destino.
Porque sólo un instante son los años
en esta esfera que da forma a la tierra
en un universo que vaga al infinito.

Zarzal junto al Camino de Santiago

Fingiendo vanidades caprichosas
se muestra el zarzal junto al Camino.
Nació como un arbusto pobre y ralo
amenazado por la hoz del campesino.

Después de un invierno silencioso
va llegando la primavera a su destino
y brotan del zarzal las flores rosas
mezcladas con el verde tan cetrino.

Infranqueable construye su armadura
imponente en su porte libertino.
Brindando su fruto al caminante
en racimo de moras con espino.

Palabras

Van muriendo las palabras
arrastradas por el viento.
Se pierden entre la gente
y vagan en el silencio.

Palabras abandonadas,
gritos, susurros, lamentos
que delatan tu tristeza
y vagan en el silencio.

Palabras que te reprochan,
que critican los deseos.
Anulan tu voluntad
y vagan en el silencio.

Palabras que te despiertan
cuando vives entre sueños.
Destruyen las fantasías
y vagan en el silencio.

Palabras no pronunciadas
que hablaban de sentimientos,
se ocultaron vergonzosas
y vagan en el silencio.

Leyendo versos

Poemas que no saben de razones,
escritos con un lápiz distraído,
la métrica y la rima se han perdido
en ese bosque de fantasía e ilusiones.

Estrofas suman versos sin sentido
dejándose llevar por emociones,
ya no quieren dormir en los cajones,
atados con las cintas del olvido.

El verso te acerca a ver la flor,
a dormir en la sombra de la encina;
es el agua en la fuente entretenida.

Verso es el sol, la luz, el amor y el olor,
es mi madre leyendo en la cocina
o una lágrima en los ojos distraída.

Amor prohibido

Cerré la puerta por quedar dormido
a ese cuerpo tentador y prohibido.
Tu cuerpo está caliente, siento frío.
No calienta el amor, por ser fingido.

Amor por caprichoso consentido,
oculto en habitaciones y atrevido.
No quiere ver la luz, está perdido.
Bajo sábanas juega entretenido.

Pasión con vergüenza contenido.
De fecha en el calendario ya marcado.
Se finge de manera presumido.

Y se cambia de cama adormecido.
No amará al cuerpo ya olvidado.
Quiere amor del cuerpo prohibido.

Princesa del Rabal

Programa Callejeros.
Entrevista a una prostituta anciana.

Princesa del rabal, reina perdida.
¡Cuántos besos vendidos en esquinas!
No se es puta en horario de oficinas
ni princesa con tiara deslucida.

Esperpento de colores, mal vestida.
Pintada de vedet de fantasías,
reclamas la atención de las arpías
que comen la carroña envejecida.

Sólo te visitan amores marginados.
La belleza del cuerpo ya extinguida.
No regalan flores a anciana desvaída.

Entre abrazos y amores pasajeros
se perdió tu juventud entretenida
en rincones de bar adormecida.

Charlatanes

Parlamento de viejos vendedores
ungidos del poder que dan las urnas.
Manejan en tribuna de oradores
diccionarios de frases oportunas.

Charlatanes de feria, embaucadores,
impostores de democracias dignas.
Aplaudidos por mediocres seguidores
dormitando en sesiones taciturnas.

Expertos de las obras que inauguran
se venden sin pudor y sin mesura.
Solo ellos gobiernan con cordura.

Se creen importantes porque mandan.
Bufones en parlamento sin cultura
recorren los juzgados con soltura.

La flor de la amargura

¿Y si viene corriendo la tristeza
y se lleva los momentos de alegría?
Que no coja los besos de este día
y nos deje reír en la pobreza.

¿Por qué llorar, si la ilusión tropieza
en las piedras que un ciego apartaría?
Que las lágrimas no sean agua fría
en tu rostro robando la belleza.

Porque, hoy, mi corazón dejó la pena
y escuchó las risas animadas
y salió del rincón de luz oscura.

Cuando llegue, por fin la dicha plena,
compartida en sonrisas y miradas,
arrancaré la flor de la amargura.

Puesta de sol en la Alhambra

Cuando el sol, al marcharse, se desangra
y de rojos colores tiñe el cielo,
es la luz quien se esconde con recelo
en torres y jardines de la Alhambra.

Poco después, cuando la luna alumbra,
caído el sol, perdido su destello,
mueve el viento el vestido y tu cabello
y en las fuentes el agua se derrumba.

Los cipreses dispersos en la sombra,
el silencio se extiende y no se arranca,
el embrujo no quiere compañero.

Y al pie del Albaicín duerme la Alhambra
entre sábanas de hierba y luna blanca,
borracha de azahar y de romero.

Esto era aquello

Cuando la vida duerme en el otoño
y de brillos de plata viste el pelo,
llegará el invierno a nuestro cielo
y caerán las flores del madroño.

No brotó de aquel árbol el retoño,
las flores se secaron en el suelo,
ganó al cuerpo la vejez en franco duelo
y en la tierra envuelvo mi carroño.

Hoy descanso, pues ya nada persigo.
Ya no tengo que esperar un nuevo día
y el silencio no me parece extraño.

Será después, y el tiempo mi testigo,
todo está bien no duermas todavía.
Esto era aquello; se acabó el engaño.

No sé si estoy enamorado

Yo ya no sé si estoy enamorado.
A olvidarte me invita la cordura,
pero vivo atrapado en tu hermosura
bebiendo de ese vino envenenado.

Pobre de mí, me encuentro ya cansado
de esperar, perdido en mi locura.
Que la luz devuelva tu figura
sobre el lecho de lágrimas sembrado.

No sé por qué no rompo tu retrato
y dejar de querer a quien no quiere,
porque vende su amor previo contrato.

¿Qué esperanza me queda si me hiere?
Si entre dudas me muevo y me debato
curando un amor que también muere.

En qué día naciste primavera

¿En qué día naciste del mes de marzo?
¿Quién te acogió en los brazos, primavera?
Que de verde y con flores te vistiera
entre rayos de sol zafiro y cuarzo.

Crecerás en abril mientras me enzarzo
con la lluvia de mayo en revolera,
porque en junio el verano ya te espera
y el grano de la espiga desengarzo.

Hasta ayer vivió verde en la vega.
De la flor que cortó, su tallo queda
y a su capricho el tiempo se la lleva.

Ya se marchó el verano tras la siega
y el otoño ya pinta la arboleda.
La noche es fría y en la ladera nieva.

Vinagre y sal

Tengo la boca seca y no he bebido
del agua que me ofreces corrompida.
Con vinagre y sal frotas mi herida
de este amor que muere en el olvido.

Ya renuncié a un sueño sin sentido.
Cansada de esperar, ya fui vencida
por la duda que duerme distraída,
que viene y se va sin hacer ruido.

Roto el corazón, el amor muere,
de tu causa me torno en enemigo,
cuando se va, la soledad me hiere.

Yo no sé por qué, entonces, te persigo.
Es inútil amar a quien no quiere,
beber de tus labios por castigo.

Morir cada día

Por la insistencia firme de quererte
he grabado en la playa mi propuesta,
pero el agua celosa de perderte,
arrastró la arena en su protesta.

Vivir es estar a salvo de la muerte,
es agua que en fuente se me presta,
sin saber dónde vas, cuando la suerte
escribe las preguntas sin respuesta.

Nos arrastran los días al olvido.
Se perdió en el camino la osadía,
tan sólo nos reímos o lloramos.

Por qué seguir viviendo adormecido.
Nacemos y morimos cada día
y a oscuras la vida dibujamos.

No hay sol en el paraíso

Quiso pintar un nuevo paraíso
y montó la paleta de colores.
Pintó el cielo azul y verdes flores,
no surge el boceto si improviso.

Se resisten las formas singulares.
Pinta, mancha. No llega a lo conciso.
No encuentra el pincel fino, preciso.
Y, en el dibujo, suman los errores.

Miró el cuadro. Era triste y oscuro.
Él corrió las cortinas y, al volver,
la tozudez seguía, se empeñaba

en mostrar un cuadro prematuro.
Sintió que algo quedó sin resolver,
olvidó pintar el sol y pateaba.

Lluvia amarilla

A mis abuelos:
Que quedaron solos en el pueblo.

Dos ancianos, junto a un leño que ardía,
las horas y los días repitieron.
Los vecinos, los hijos, ya se fueron.
Sólo es esperar que acabe el día.

Del miedo y soledad se desprendieron.
Él, hace tiempo perdió la gallardía
y mira a su mujer, oh, flor tardía,
pelo blanco y vejez se conocieron.

El fuego, en chimenea, crepitando,
la sombra corriendo, repentina.
En el pueblo, ya se paró la prisa.

Escuchar el silencio dormitando,
seguir con la vida en la rutina,
es la vejez, la soledad remisa.

La suma de los años

La vida es la suma de carreras.
Los días son etapas que ganamos
y podrás descansar en los rellanos,
pero hay que subir las escaleras.

Es el tiempo que corre entre las manos.
Dejaron de llamarse primaveras.
Tú sí puedes llamarlos como quieras,
son otoños después de los veranos.

Busca la luz del faro y tu dominio,
que la flor en el agua también flota
y no duerman contigo desengaños.

Es un día más del mes de junio.
A la tristeza, la alegría derrota.
Solamente es la suma de los años.

Enfadado

Si sobran las palabras, ya no hablo.
Aposté todo o nada, y lo perdí.
No jugué bien, y no te concedí
la duda que se ofrece al pobre diablo.

Ya no quiero el anillo que te di,
imagen colocada en el retablo.
Porque soy un perro en el establo,
mordido por el odio que vendí.

No tomaré partido en esta guerra.
Seré el rey, el caballo, la sota,
la broca que se pone en el taladro.

Un hombre viajando por la tierra.
No me importa el triunfo o la derrota.
Soy perro. No muerdo, pero ladro.

Abuelo contando cuentos

Esto va de un cuento que me sé,
que cuento a mi nieto y no se duerme.
El jodido ríe y trata de cogerme
la mano, la nariz y a destaparse.

¡Los cuentos que tengo que inventarme!
Al principio, quería que durmiese,
más tarde, quería que escuchase,
ahora, ya comienzo a escaquearme.

Jugamos, y tengo que esconderme.
Dormido, y abre los ojos si me callo.
Me puede, me gana y finjo daño.

Me mira y quiere consolarme.
Soy perro, soy león y soy caballo;
y vuelvo a ser el niño que fui antaño.

El signo de acuario

Te marchaste dejando en el armario
el pañuelo con rojo de tus labios.
En el peine quedan tus cabellos rubios.
Tú eras la mujer del signo de acuario.

Que dulce el sabor de tus besos sabios
y tus pechos firmes como legionario
que tú protegías como un santuario
y yo no podía dejar de soñarlos.

Un día te vi desnuda ante el espejo.
Tu cuerpo mis ojos reclamaba.
De aquel bello desnudo fui su dueño.

Sin embargo, no sé por qué me quejo.
Tú nunca fuiste la mujer que amaba.
Sólo fuiste un capricho y un buen sueño.

Te quiero o no te quiero

Hoy no te digo adiós con la mirada.
Un beso en la mejilla y me despido,
busco la indiferencia en el olvido,
yo me voy con el alma desgarrada.

Con la tristeza de la ilusión frustrada.
En el tren viajará el amor perdido,
con la frente alta y el corazón partido,
soy un hombre que huye en retirada.

Te dejaré con la mirada triste
esperando el sol tras aguacero
y se apaga el fuego que encendiste.

No quiero ser el último guerrero
que a morir por amarte se resiste
y no sé si te quiero o no te quiero.

Al besarte

¿Por qué cierro los ojos al besarte,
al beber en tus labios un suspiro?
¿Por qué es la soledad lo que respiro
cuando llamo a tu puerta para amarte?

De tus noches de amor yo formé parte.
Por besos en tu alcoba yo deliro
y espero tu llamada en mi retiro,
pues no tengo razón para olvidarte.

Ya se instaló en mis manos la pereza.
Y estás lejos, dormida a mi costado,
que en la cama se muere tu belleza.

Por qué vivo un amor desesperado
y guardo en mi pecho la tristeza
si un cuerpo indiferente duerme al lado.

Luna

Robó el sol a la luna su vestido
para verla desnuda sobre el agua
y una nube cubrió, con fina enagua,
la sonrisa en el rostro divertido.

Quemó el sol el vestido enfurecido
con el fuego que emana de su fragua
y la luna durmió sobre la yagua
y campos de tomillo florecido.

Porque el sol toma el día por asalto;
en la noche se esconde sin velarte
y de día es el rey que se resiste.

No te ocultes cuando el sol esté en lo alto,
que me duermo tarde por mirarte y
das luz a un corazón que estaba triste.

Mimoso

Un niño mimoso a su madre llora,
quiere que lo coja y se hace pequeño,
los ojos llorosos simulando sueño
y su pataleta no admite demora.

Sigue él insistiendo. Su madre lo ignora.
Levanta los brazos, y sigue su empeño;
gritos, patadas y el niño burreño,
cogido a su falda insiste e implora.

Por fin, lo consigue y, abrazado al cuello,
es niño pobre que logró fortuna,
no manan sus ojos lágrima ninguna.

Poco tiempo dura, es solo un destello,
se quiere bajar y se empeña en ello;
quiere ver las aves que hay en la laguna.

Refugiados

Ya gozaban del reino prometido
en países que mandan gavilanes,
donde guerra y hambre son iguales
y no se nombra a Dios por prohibido.

Apátridas con nombre y apellido.
No les guía Moisés por los Balcanes,
nadie aparta las aguas de los mares,
ni llueve el maná sobre el camino.

Resignados a su suerte, sin destino.
En campos de refugio y, por barreras,
murallas de concertinas sin banderas.

No es el mar que actúa de asesino
de niños en un mundo con fronteras,
obligados a marcharse en las pateras.

Siendo iguales

He subido a la torre de mi reino.
He mirado al camino de la vida
y he visto desfilando a paso lento
las vidas de manera instituida.

Me deslumbra este sol que brilla tanto.
¿Será mi vida la que veo distraída?
No muestran interés de verlo todo.
¿O será la que corre divertida?

¿Dónde fueron las vidas revoltosas?
Dirigidas, clonadas, siendo iguales,
son vidas uniformes por desidia.

Soldados de uniforme son las vidas.
No me alcanza la vista los detalles.
No distingo entre otras vidas a la mía.

Envidia

Miré desde el balcón y vi la sombra
acercarse bajo el manto de la envidia.
Se oculta y al murmullo se acostumbra
urdiendo las mentiras por insidia.

Sembrando en los terrenos de la duda
los rumores, la maldad y la mentira,
manchando la verdad de forma ruda
con fango y la basura que se tira.

¿Quién sembró las semillas de la duda?
Vendió rumores tejidos en jauría
en mercados del odio y de la injuria.

Qué malo es el veneno que destila,
que vende en el rumor de cofradía,
se extiende como yedra y es la envidia.

Poema

En las horas que llenan tardes lentas,
la figura del lápiz me convoca,
y entregan las palabras versos sueltos
que en su escasa armonía mueren solas.
A veces, es sólo la constancia
que insiste en el verbo y adjetivo,
y va juntando en verso las palabras
en singular desorden sin sentido.
El ritual que invita a la desgana
va cosiendo las letras en racimas
enlazando los versos desiguales
libres de medidas y de rimas.
Sobre la orfebrería del papel se desvanecen
la noche, la sombra, la bondad, la ira,
la belleza, la fealdad, la muerte,
el amor, la verdad y la mentira.
Las horas de la tarde van muriendo
y las palabras adquieren su sentido.
Los versos en estrofas se derraman
uniendo los verbos y adjetivos.
El lápiz, ya liberado de mi espera,
va guardando los frutos ya granados,
y enlazados por fin estrofa y verso
en la pureza del papel quedan grabados.

Elogio de la locura

Navego en este mar que me clausura
que a las olas las rompe y las tritura.
El viento se enreda en velas viejas
y el agua en la furia se desnuda.

Encallada mi mente en la locura
me debato en extrañas conjeturas;
Legiones de escuderos se levantan
repitiendo proclamas en conjura.

Molinos y gigantes en captura
por la farsa que inunda la cultura.
La bella Dulcinea es mi razón
y mi cuerpo se encierra en la armadura.

Quien quiere vivir sin ataduras
defiende con la espada su cordura.
¡Y juzgan mi locura los demás
que sólo practican la censura!

Me ha entregado el mar

Me ha entregado el mar todas las olas
para escuchar el rumor de su latido,
que en gestos de dominio mece el agua
en un mantra constante y repetido.

El agua, en su rutina se derrama
vestida de la espuma que consigue
y se extienden las olas en la arena
regando la playa donde gime.

En el transcurso de una noche larga
sobre el mar la luna se aposenta,
ofrece a las olas sus diademas
y extiende su púrpura de plata.

El agua, se amansa resignada,
acunando en el puerto viejas barcas,
y entre amarres y velas recogidas
en su propia belleza se quebranta.

Fue a la orilla del mar, a medianoche.
De su boca bebí la sal más pura
y su cuerpo, bañado con la espuma,
mecía suavemente sobre el agua.

Desengaños

Ya no estamos los dos enamorados
y los labios no besan a otros labios.
Somos cuerpos errantes solitarios
que viven el amor desengañados.

Son cenizas de fuegos apagados.
El amor se disuelve en formularios
y muere firmado ante notarios
liberando a dos seres atrapados.

Cada uno permanece siendo él mismo,
y buscará otras nuevas primaveras
después de que el dolor se haya dormido.

Ya no quiero correr hacia el abismo.
Ni el tesoro que encierran sus caderas,
sólo quiero amar sin ser herido.

Buscaré

Buscaré en el campo tierra fértil
donde sembrar mis recuerdos más soñados.
Donde brote en primavera la flor nueva
y la hierba se extienda por el prado.
Donde los chopos centenarios presten sombra
y el agua se derrame en el barranco.
Donde se vistan de amarillo los rastrojos
y florezca la amapola en los ribazos.
Donde anide la alondra en el alero
y el viento barra los tejados.
Donde se junten todos los caminos
y se rompan las cadenas con las manos.
Donde hombres y mujeres sean libres
y los cuerpos no sean censurados.
Donde los últimos sean los primeros
y los tontos no sean señalados.

Pandemia

Algo ha cambiado.
No sé por qué. Pero ha cambiado.
Hay resignación en las palabras
y presentimiento en las miradas.
Hemos sentido la presencia del virus invisible
que por húmedos secretos se propaga,
y se impone la razón de protegernos
buscando la suerte en una máscara,
y la esperanza se ha convertido en una extraña
protegida con jabón, lavando nuestras manos.
Algo ha cambiado.
No me preguntéis por qué. Pero ha cambiado.
Nos cruzamos en la calle y nos miramos
y encerrados en la casa vegetamos,
y el placer de juntarnos con los otros
con miradas furtivas evitamos.
Ahora somos seres anónimos
con una identidad desvanecida
instalada en la pureza de un lugar desinfectado.
Ya no vamos al bar, ni paseamos,
ni vamos al cine, ni al teatro,
tan solo sólo nos vemos por WhatsApp
y un rato con los hijos conversamos.
Pero cuando todo pase, y se termine,
ya no nos besaremos al saludarnos,
y el recelo de los virus, nos impedirá darnos la mano.
Cuando se acabe. Porque se acabará.
No volveremos a ser los mismos.
Algo ha cambiado.
No me preguntéis por qué.
Pero ha cambiado.

Lluvia

Cae la lluvia
y, esta tarde, no vendrás.

En el cristal de la ventana
las gotas de agua resbalan
en su viaje hasta el suelo.

En la calle, la lluvia
se funde con la luz de las farolas
y se proyecta en forma de globo luminoso.

El agua corre por el borde de la calzada
hasta el sumidero que las engulle
como un borracho que bebe de la botella.

El aroma del café se extiende en el local
y, en torno a las mesas, cuerpos en silencio
consumen las horas de la tarde.

Y esta tarde, no vendrás.

Abre la puerta

Abre la puerta al amanecer tranquilo
y que el aire recorra las estancias,
para que arrastre los suspiros de la noche
que guardaste en el enredo de las sábanas.
¡Otra noche de gestos repetida!
Sólo estuvo un momento entre tus brazos.
Olvida las manos que te tocan.
Los besos que te dieron otros labios.
Desnuda tu cuerpo ya sembrado
en noches de estéril esperanza
y duerme en el silencio complacida.
¿Alguna vez te dijo que te amaba?
Porque hoy, amaneció otro día
y la soledad ya duerme en tu almohada.

Cuando llueve

Espero impaciente que la lluvia pase
mientras me protejo bajo los soportales.
Me acompañan voces y risas de extraños
y el ritmo del agua llenando los charcos.
No para la lluvia y ya lleva un rato.
El tráfico lento ya se ha invertebrado.
Semáforos verdes y rojos mezclados
provocan el caos y suenan los cláxones.
La tarde ya ha muerto sobre el frío asfalto.
Los escaparates emiten reclamos
y encienden las luces en un mano a mano.
Al fondo las nubes ya se han ordeñado.
Las voces se apagan. Se van alejando
y cesa la lluvia cerrando sus parpados.

Una rosa blanca

Nada más que una rosa blanca
Dibujada en un papel que hallé en el suelo
Coloqué sobre la tumba de mi madre
Y a mi cabeza volvieron los recuerdos.

Permanecí mirando aquella flor
Ordenando en mi mente nuestras vidas
Y una piedra sujetó a frágil rosa
Que arrastraba un viento revoltoso.

Si pudiera abrazarte en este instante
Y escuchar otra vez el romancero
Que cantabas por ver si me dormía.

Hace tiempo que te fuiste en el silencio
Como se va la luz dejando el día
Como se va la tarde ya vencida.

Alain

La luna brilló al mirarte
Quiso acunarte en su nasa
Acompañarte en tu viaje
Y dejarte ante mi casa.

Llegaste con luna llena
En una noche estrellada
Eras cometa en el cielo
Que la noche iluminaba.

Traías el agua fresca.
La alegría desbordada.
Eras flor de tallo fuerte
En jardín de flor sembrada.

Eres hierba en el rastrojo.
Eres tesoro en el arca.
Eres fruto de amor vivo,
Eres el viento en mi barca.

Cuando te cogí en mis brazos
Eras flor recién cortada
Y comenzaste a llorar
En horas de madrugada.

¿De qué estrella te has caído
Si todas brillan al alba?
Orquídeas velan tu sueño
Blancas, azules y malva.

La siesta plácida

Sumido en el silencio el tiempo pasa,
en esta siesta después de medio día,
me aburre el día y la pereza gana,
no hay nada que quebrante mi apatía.

La placidez que otorga la desgana
donde están adormecidos los sentidos.
Lenta y monótona la tarde
la interrumpen solamente los suspiros.

En la penumbra de la alcoba
legiones de moscas exploran mi cuerpo
con una persistencia agotadora.

El sol va ganando el horizonte.
Las nubes enrojecen en el cielo
y las sombras se extienden sin demora.

Colores

Consumido un octubre placentero,
Noviembre lentamente se deshoja.
Los chopos se tornan amarillos
y las viñas se visten de hojas rojas.
Diciembre, amenaza con su invierno
al otoño en franca retirada.
La luz del sol pierde su brillo
y la noche en las horas se adelanta.
En su cima curvada las montañas
muestran la nieve dispersada,
y el río, estéril en verano
fluye en resistencia reclamada.
Enero y febrero en su acomodo
quieren que marzo les redima,
y abril se disuelve entre colores
transitando entre azules mediodías.
Mayo abre la puerta al mes de junio,
y se derrama en praderas florecidas.
Con el sol el verano se consume
y entre julio y agosto se desliza.
Septiembre es siempre transitorio
hacia el otoño de mañanas frías,
y el singular color de la arboleda
se disfraza en las hojas cada día.

Yo te conozco

Nada puedo olvidar. Pues todo es cierto.

¡Amor, yo te conozco!

Tú eres el aire que en el silencio llega,
el prado verde, el sol, el agua, el día,
eres la voz, el gesto, la manera.
Tú eres la vida que ofrece su armonía.

Por eso te busco por las calles.
Y salgo de casa cada día
seguro de que hoy voy a encontrarte.

Para Diego

Otra flor ha brotado en mi jardín
en un amanecer de sol tardío,
y al coger la flor entre mis manos
su corazón palpita junto al mío.

Mesurados y en orden los sentidos.
El sueño deseado. Ya cumplido.
La vida se desborda entre tus llantos
como en las flores las gotas de rocío.

Volvió la vida a despertar del sueño
en los brazos de quien te dio la vida
y mamaste de su seno agradecido.

No te despiertes. Sigue dormido.
Otra vez en septiembre es primavera
y el agua corre de nuevo en nuestro río.

Amamos

Nuestra vida es el hilo en una rueca
tejiendo las cosas que vivimos.
Sentimos la amistad, los desengaños,
amamos, lloramos o reímos.

Me dijo el amor un día triste.
¡No sé vivir en corazón sombrío!
Necesito luz de eterna primavera
y las flores al borde del camino.

La vida y el amor caminan juntos.
¡O son quizás la misma cosa!
¿Como el mar y el murmullo de las olas,
o el rosal y el aroma de las rosas?

Hoy, se viste el corazón con ropas nuevas
porque el momento del amor es este,
y es que sólo nos queda abrir los brazos,
y sentir que otro cuerpo nos responde.

Horizonte

Me levanto y miro al horizonte
donde surge la luz que da la vida.
El sol se abre paso entre las nubes
y la sombra en las laderas se retira.

Mañanas de niebla en los barrancos
y el cielo azul de mediodía,
tardes de rayos y tormentas
y puestas de sol con nubes rojas
sobre un valle con luces encendidas.

La veleta

No es nada.
¡Solo el viento!

Ocurre los días de tormenta
y la veleta gira en el tejado
señalando los puntos cardinales.

El chirrido que produce al girar
se traslada por la casa
como un gemido producido por el dolor
del roce de los metales oxidados.

Una vez más
se ha roto el silencio.

No cesa el viento
y la veleta sigue en sus lamentos.

Y el gallo que da forma a la veleta
se orienta en la dirección que sopla el viento.

El viajero

Fueron quedando atrás las estaciones
en el silencio de un beso y un adiós,
y la soledad del viajero en el vagón
forma parte también del equipaje.

Su mirada buscando el horizonte
transita en cambiantes paisajes.
El sol desciende lentamente
y se pierde entre viñedos y olivares.

Las luces anuncian la llegada
a la estación del último destino.
Descienden viajeros y maletas
y un taxi se ofrece persuasivo.

Me adentro en la ciudad iluminada
donde, otra vez, comenzaré otra vida
y recorro sus calles y avenidas.

Atrás han quedado algunos años
y los miedos del futuro se deslizan.
Ahora, me llaman las ausencias.

Después el silencio

Se rompió el amarre,
y caí al vacío
de la indiferencia,
donde nada importa
porque nada inquieta.

Sin saber por qué,
pasé de repente
de una vida a otra
al romper la cerca.

Donde muere el cuerpo
y el alma despierta.
Después, el silencio
llamando a mi puerta.

Se apagó la luz
y no hubo respuesta.

Me abrazó la muerte
y no me di cuenta.

Al vernos

Nos dijimos adiós una tarde de invierno
y dejamos correr el sumar de unos años.
Volvimos a vernos una tarde de enero
y los ojos hablaron sin romper el silencio.

La nostalgia inundó las miradas cambiadas
rescatando recuerdos de días pasados.
Dos adolescentes.
Cuerpos entregados.
Labios que calmaban la sed de otros labios.

Las miradas se retan en duelo atrasado.
Apenas segundos vive el entusiasmo.
Pudo ser y no fue.
¡Cosas del pasado!

Ceden las miradas cerrando los párpados.
Ha pasado el tiempo.
¡Cómo hemos cambiado!

Después, la mirada vuelve a separarnos.

Cumpleaños

He arrancado otro mes del calendario
que va sumando los días de mi vida.
Cierro los ojos y viajo en el silencio
y recorro el universo de los días.

Los días son monótonos, absurdos,
iguales por adicción de la rutina.
Cuando se suman los años por decenas
nos dejamos llevar por la apatía.

No importa un año más o un año menos
porque el sol nos despierta en la mañana
y la noche nos duerme complacida.

¡Pero yo no vivo como vive el día!
¡Qué pasará mañana!, me pregunto.
No será igual. Mañana es otro día.

Monasterio de San Millán

Atravieso los muros centenarios
donde las piedras guardan la historia de tus años.

La Sala de los Reyes me recibe
y transito bajo las arquerías de los claustros.

El rumor de rezos ancestrales
se escucha en canto gregoriano
en horas de laudes o de vísperas
recitando el mantra de los salmos.

Los versos de Gonzalo de Berceo en clerecía
se guardan en los viejos cartularios.

Retablos, marfiles, alabastros
y libros donde duermen los milagros.

Aquí, en el silencio encerrado por el tiempo
los monjes escribieron su diario.

Que el tiempo nos espere

He venido con todos mis poderes
a decirte que el alma mía es tuya.
He venido a decirte que te quiero
y te entrego mi vida sin censura.

A tu lado navegaré sobre las aguas
buscando en el mar nuestro camino.
Vida y amor en dulce manifiesto
compartiendo los vientos del destino.

Dejaremos que el tiempo nos espere,
para vivir conmigo y yo contigo,
y de mirada en mirada nos libere.

Dejo en tus manos mi corazón vencido.
Sólo quiero querer a quien me quiere
sin norma ni contrato establecido.

Al amanecer

Quiero que esta noche sea larga
y beber en tus labios otra vez,
que me encierres en la celda de tus brazos,
y me duermas en cada amanecer.

Que mi cuerpo lo acaricies con nostalgia,
y me pintes con colores rojo y verde
los tatuajes que el tiempo ha dibujado
y en los pliegues y arrugas de mi piel.

Que los cuerpos se acomoden uno en otro
y derrames tus besos en mi cuerpo,
en las sombras de cada atardecer.

Y después, cuando tu cuerpo se haya ido,
me dormiré como una flor marchita
a la que arrancaron sus hojas por placer.

Tardes de abril

Como corren las nieblas vespertinas
arrastradas por vientos y aguaceros
rompiéndose en jirones deshilados
se enredan entre estepas y aulagares
cuando ascienden a la cima del barranco
y el manto de armiño en los bancales
se funde con el verde de los prados.

Verdades y mentiras

Es un día cualquiera.
Un día sin semana, sin mes, sin año.
Pero repetido.

Como se repiten las noches y los días.
Se repiten los profetas del desastre
y un grito en la calle llama a otro
confundiendo democracia y dictadura.

Se silencian las verdades absolutas
y se repiten cien veces las mentiras.

El veneno de la duda se derrama
en panfletos que venden cada día.
Y siembran la duda entre la gente
para imponer su verdad sobre la tuya.

Luna llena

Quise ver la luna llena
reflejada sobre el agua.
Y la luna me miró
y yo también la miraba.
La luna estaba serena
vestida de blanca organza
y vi las calles vacías
cercadas de casas blancas,
y los caminos desiertos
enterrando las pisadas
y las montañas vestidas
de azul con claros de plata.
El día se resistía
retrasando la mañana
y la noche se dormía
para despertar al alba.

El lenguaje de las flores

Que las rosas no pierdan el olor y
envuelvan sus capullos de colores
protegidos por el verde de sus hojas
cuando son arrancadas del rosal.

Con el rojo carmín hablan de amor.
Esperanza nos brindan de amarillo
y de rosa se visten presumidas
con espinas que guardan el zarzal.

Su belleza reclama las miradas
y se ofrece a sí misma confiada
en jardines de forma desigual.

Sólo por ser bellas son cortadas
y mueren lentamente disecadas
en jarrones de loza o de cristal.

Hacerse mayores

Los niños quieren crecer.
Hacerse mayores.
¿Para imitar la conducta de sus padres?

Ya ha aprendido que el único camino
para alcanzar la felicidad a toda costa
es intransitable.
Ya ha aprendido que la vida es efímera
y que las cosas son cambiantes.

Que le dirán más veces no que sí.

Que ir hacia atrás es lo mismo
que ir hacia delante.
Solo que son distintas direcciones.

Y eso de que todos somos iguales

A veces no es cierto.

El camino

Unos vienen y otros van.

En medio de la nada.
Caminan en silencio.

A veces se oye algún suspiro
mientras descansan y miran el horizonte.

Pronto el verano dará paso al otoño
y el polvo se convertirá en barro.

Porque todo es andar en una dirección
y qué largos han sido estos últimos días.

Has dejado atrás muchas ciudades,
cruzado muchos puentes.
Y tu paso, ya torpe,
se ofrece al camino cada día
bajo un sol que brilla indiferente.

Pero nadie conoce tu nombre, y
todavía no has llegado.

Tu nombre

Hay un libro en el que inscribieron nuestros nombres
cuando la vida nos despertó del sueño.
Con ese nombre, vivirás la vida.
Con el mismo nombre enterrarán tu cuerpo.

Alzo la mirada

Alzo la mirada y estás lejos.

Enredado en mis pensamientos
sigo calle abajo y piso con fuerza las baldosas
acelerando el paso.

El ruido de la ciudad me va envolviendo
mientras las luces se encienden
lentamente en su lucha con la obscuridad
y me acompañan personas que no conozco.

Y estás lejos.

Y estás lejos.

No hay más

No hay más. Esto es todo.
Solo he querido entretenerte con unos pocos versos.

Figuras en la piel de cuerpos imperfectos.

Retazos de contrastes en tiempo indefinido
que guardan las ausencias sin pudores fingidos
ni ocultos pensamientos.

Son manos que reclaman
el calor de otras manos
en los fríos inviernos.

Son momentos guardados
en las horas del tiempo.

He llamado a tu puerta, y tú me has abierto.